AVERTISSEMENS

A LA CAPITALE

ET

AUX PROVINCES,

SUR LEURS

FLÉAUX QUOTIDIENS QU'ELLES ALIMENTENT;

PAR L'AUTEUR

du *Tableau de la Dégénération de la France et de ses Moyens de Grandeurs.*

Nos plus grands Ennemis ne sont pas à nos portes,
Monstrum horrendum, immane, ingens, cui lumen ademptum.
(VIRG.)

*

Édition nouvelle et développée.

*

PARIS

DELLOYE, ÉDITEUR,

PLACE DE LA BOURSE;

Et chez tous les Libraires.

𝕬 la 𝕮apitale

ET AUX PROVINCES.

———◦———

Potius amicum quàm religionem perdere.

Si, depuis quelque temps, nous élevons de nouveau une voix indépendante, et quelquefois méconnue ou calomniée, c'est que la Vigilance est un devoir, rappelé récemment par la Voix infaillible à la suite de laquelle seule vient et se fait entendre la nôtre : *Clama, ne cesses !*

Les fameux Journalistes en ont une, à eux, bien plus incessante, et, nous nous permettrons de le dire, moins réfléchie et moins sûre, parce qu'elle est moins Fidèle que la nôtre !

Il est, dans la Société, telle que les révolutions l'ont faite, et telle que la Providence l'a ratifiée, il est, disons-nous, un Ordre particulier de Pouvoirs, et, par conséquent, de véritables Fonctions, et même une sorte de Royauté légitime, qui appartient, comme l'Amérique à Ferdinand *le Catholique* et à Christophe Colomb, *au premier occupant.*

Ces *Pouvoirs* sont ceux de l'Intelligence, qui viennent *de Dieu,* comme les autres ;

Et qu'on ne saurait usurper, ceux-là !

C'est, en conséquence, que, tandis que M. Villemain ou M. Passy, qui sont ministres, ne sont pas sûrs d'être ministres, et que M. Guizot ou M. Thiers [1] *se le croient* peut-être, ou que la Chambre de 1840 va *se croire* peut-être gouvernement, et M. Berryer à opposition, comme la *mouche* : *Coche,....* Emile de Girardin et Chambolle, Lingay et Granier de Cassagnac, Altaroche et Philipon (celui de la *Caricature,* bien autrement *Président* d'assises que son compatriote de la Cour royale), et encore un peu Bertin, Étienne et l'abbé de Génoude, qui se montrent ou se nomment à peine....; mais surtout le sage qui s'adresse le mieux à toute la France, M. Pillet des *Villes et campagnes,* auquel nous sommes heureux de donner un libre concours, depuis long-temps accueilli ; le vicomte de Baulny, qui sacrifie jusqu'à son bonheur au patronage de la cause qui *ne meurt jamais;* Bailly de Surcy, l'homme

[1] MM. Guizot et Thiers, qui furent si puissans en apparence, lorsqu'ils furent journalistes, ne sont plus rien au fond, depuis qu'ils ne sont plus que patrons ou propriétaires de journaux discrédités.

[2] Il n'est *pas même académicien...*

par excellence du zèle catholique; les comtes O'Mahony et de Montalembert, Nettement et Frappier, de Villemarest et de Beauregard, de Walsh et de Carné, Du Lac et Bellemare, Alphonse Karr et Fortunat, les hommes de l'esprit français; Coste et Saint-Marc Girardin, Châsles et Pagès, Véron et Laurentie, Poujoulat et Bastide, Boyer Fonfrède et Ch. Durand, enfin, sont tous ensemble les Rois ou les Tyrans de fait (madame Emile de Girardin serait la Reine) de cette époque.

Je vais être aujourd'hui leur sujet et leur maître à la fois à tous, sans plus de dépendance que d'orgueil, sans animosité, et surtout sans ressentiment, mais au contraire avec amour, comme Dieu sait.

On peut diviser et analyser l'Opinion publique en trois, comme la Politique et la Religion elles-mêmes : I. *la Patrie*; II. *la Révolution*; III. *l'Ordre public* ou *la Puissance*. Nous les développons à l'usage des habiles dans les *Grandeurs de la Patrie*. En voici le résumé, le mot, à l'usage de tout le monde.

La Patrie est partout où il y a des Bourbons : elle est ici; elle est ailleurs.

Il faut que la France soit bien grande ! et elle doit nous être bien chère ! Elle a pu défaire et *refaire* l'Europe avec son seul Bonaparte.

Mais, on ne saurait trop le dire et le *Prédire* : si le premier des Bonaparte avait été *la révolution se faisant homme*, le second et le dernier serait *l'homme se faisant révolution*.

La *Raison* Laffitte à la place de la *maison* de Bourbon, serait la révolution *en route*, et même arrivée, et gouvernement *sur le pavé*.

Quant à la Russie, ou la puissance, qui pourrait la méconnaître ? Sa Capitale est assez aristocratique, assez monarchique, assez sûre, pour n'avoir qu'un quart de la population de la nôtre ; et le Czar a sous sa main, et même dans sa *botte*, mieux que Charles XII, un million de soldats volontaires, et même naturels. Il ajoute, presque chaque année, des *Russies* à ses *Russies* ; et, en dernier lieu, les Kirghiz, les Knanats, Erivan, Nakht-Chivan, et incessamment Khiva, en attendant la Perse. — Et avec cela, le pays est couvert de 500 millions d'arpens de bois, et de 200 millions d'arpens de blé ; de mines de fer en montagnes, et d'*or en barre* ; et sa *Dette publique* est de 4 milliards moindre que celle de France !!!

Notre but, notre pensée intime, notre première et même notre *arrière-pensée*, c'est notre séparation de l'Angleterre, l'antique et immortelle ennemie de la France, dont elle convoite, encore aujourd'hui peut-être, les plus belles provinces;

C'est l'alliance avec la Russie : car celle-ci est seule capable de sauver, et seule intéressée à sauver (et même à grandir) la France, et peut-être l'Europe ;

Et l'autre ne peut que les humilier ensemble.

Et voilà pourquoi M. le duc de Valmy invoque la première, et M. Thiers la seconde.

Comme l'Italie est plus spirituelle, l'Autriche plus stationnaire, la Sardaigne plus sage, la Péninsule plus isolée, la Belgique et la Hollande plus dépendantes, la Prusse plus étroite et plus maladroite :

L'Angleterre n'est pas seulement plus, elle est seule, à la fois, orgueilleuse et perfide.

Sa *foi* c'est *la punique*, ses concessions apparentes, des usures judaïques : *Timeo Danaos, et dona....*

La Russie n'est pas seulement plus, elle est seule puissante ; et elle est, en cette qualité, plus naturellement juste, généreuse, et même catholique, tôt ou tard.

Elle a *juré* la lutte incessante avec l'Angleterre ;

Elle l'a jurée peut-être, au point de la laisser nous souffler l'Algérie !!!...

Nous voudrions *conjurer* avec elle ; et avec elle adopter la devise des *derniers Romains* :
Delenda est Cartha-go.

Nous désirons après, et même avant tout, nous aussi, une restauration sans doute, comme tout le monde, et chacun, l'invoque à sa façon et à sa vue.

Et, si la France et la Providence, en cela d'accord, la voulaient, en temps et lieu ! nous la voudrions comme elles sans doute, par la Monarchie, et même par la nouvelle Dynastie, et, s'il le faut, pour elle.

Et cela parce que nous la voulons *à bon marché.*

La restauration par la république ou par l'empire, par l'anarchie enfin, serait trop chère.

Elle dévorerait, *Saturne nouveau,* et ses en-fans, et ceux des autres, mieux que jamais.

Car ce serait une *rechute.*

C'est pour prévenir, autant qu'il est en nous, de si terribles chances, des malheurs si grands, et, si nous osons le dire, un suicide universel, que nous avons été, que nous avons dû être, au nom même et pour la plus grande

gloire de Dieu, plus inexorable et plus rigou-
reux, en apparence du moins, contre nos *im-
prudens amis*, que contre nos *sages ennemis*.

Et encore, voyez notre bénignité !

Lorsque l'un d'eux demandait jadis jusqu'à
des *rigueurs salutaires* contre nos adversaires,
nous ne lui demandons, à lui, plus adversaire
et plus coupable, que le remords.

Le premier devoir d'un Fidèle, et même d'un
Citoyen, c'est d'avertir en particulier celui qui
se trompe et trompe :—je l'ai rempli, celui-là,
Dieu le sait, avec toutes les sortes de généro-
sités et de saintes colères.—Le temps était venu
de l'autre avertissement. — Lorsque le mal est
devenu public, et les personnes du mal pu-
bliques, il ne saurait plus y avoir de remède,
que le *Pilori* et même le *Charivari* légitimes.
Ce sont des conséquences directes et filiales :
— Iº de la mise des mauvais livres à l'*Index* de
Rome ; IIº de la condamnation des hommes
mauvais par les *Encycliques* de Grégoire XVI ;
IIIº de cette prescription mémorable de saint
Paul à son cher Timothée : « Reprenez *devant
tout le monde* ceux qui sont coupables de crimes,
AFIN QUE LES AUTRES AIENT DE LA
CRAINTE. » I. *Tim.* 6.

Nous avions commencé la première Ère de

1830 par une grande philippique chrétienne ; nous commençons la seconde par une petite, contre *les Crimes des faux catholiques, considérés comme la principale cause des maux de la France et de leur prolongation* [1].

Car ces *crimes* sont bien autrement générateurs que les équipées des petits Bonapartes ou les persécutions, plus apparentes que réelles, en tout cas plus accidentelles que durables, des agens et des *popes* de la Russie, et des décris isolés des Chatel et des Lamennais de Paris contre l'Église romaine ; et même que les complots républicains contre les gouvernemens.

Ils les colorent, ils les fomentent, ils les ont seuls causés.

Ils sont à l'ordre social ce que les affections des *parties nobles* sont à l'organisme humain : mortelles.

C'est le membre gangrené qu'il faut retrancher, dans l'intérêt même de la vie, disions-nous encore hier, en écrivant ces lignes, à un homme aussi Docte en philosophie qu'en médecine, et qui nous a applaudi : Récamier.

[1] In-8° compact, 2ᵉ édit. perfectionnée, dont il reste un petit nombre d'exemplaires.

C'est, peut-être, l'*inexpiable* péché [1] annoncé pour les derniers temps du monde, et sur l'application duquel les théologiens semblent ne s'être pas prononcés : *le péché contre l'Esprit.*

Et en vérité, il ne saurait y avoir rien, il ne s'est rien vu, depuis la Création, d'effroyable, dans une Société telle que la France, comme des représentans de la bonne cause, des apologistes permanens et même exclusifs du *trône* et de l'*autel*, et jusqu'à des prêtres pleins de foi, de zèle, de dévouement peut être d'ailleurs : — qui, depuis dix et même quinze années, font cause commune avec tous les sophistes, tous les corrupteurs, tous les théâtres des XVIIIe et XIXe siècle; les dépassent même en criminalité, puisqu'à l'audace de l'*annonce* [2] et de l'apologie de leurs ouvrages,

---

[1] C'est *rationnellement* que nous parlons ici ; et l'illégitimité des fortunes usurpées au nom de la *légitimité* contre l'usurpation, prétendues ou non, peut s'expier, et *s'expiera* un jour (qui n'est pas loin peut-être), par leur application, non au rétablissement des *Oratoriens*, morts à jamais en présence des Jésuites immortels; mais à l'établissement au Plessis, etc., d'un *Collège royal catholique....* où le fondateur pourra s'instruire d'abord, et puis enseigner comme un autre.

[2] A M. de Genoude, dont la position seule est fausse et la personne vraie, *Dieu* et *la Religion*, certes, ne répugnent point ; il ne leur refuse pas précisément les grandes entrées et l'article *Paris* dans la *Gazette*, mais il aime à les voir *avant, pendant* ou *après* M. de *Genoude*.

M. Laurentie, lui, a constamment, depuis des années, mis à

ils joignent l'infamie de la vénalité ; — qui ont fini par déconsidérer, et par rendre presque impossibles, et les *annonces*, et les *actions* industrielles, et les *nouvelles*, et le *journalisme* honnêtes, et par conséquent jusqu'à la littérature [1] et aux doctrines les plus nécessaires ; — qui sont

l'*Index* de la *Quotidienne*, en déclarant, sans rougir, qu'elles étaient *trop ascétiques*, et apparemment qu'elles sentaient *le trône et l'autel*, comme le *Constitutionnel* dirait, les nobles et savantes Poésies sacrées du comte de Marcellus, et, en dernier lieu, sa sublime traduction du *Psaume* 93 ; et ce n'est guère chez lui qu'au *Feuilleton* que Dieu a droit d'entrer sans payer.

Tous ensemble, les journaux en question n'ont jamais *distingué* entre les livres chers à l'Eglise, et qui s'adressent plutôt aux Fidèles studieux, la plupart pauvres, qu'aux gens du monde aisés ou riches, les belles éditions de l'Écriture sainte, des *Pères*, des *Apologistes*, les *Bibliothèques Catholiques* ou *Ecclésiastiques* de Paris et des grandes villes de province ; les *Bibles* des Abbés Matalène et James, les librairies enfin de ce caractère de MM. Périsse, Gaume, Poussielgue, Vaton, Debécourt, Curmer, Albanel, Méquignon, Hivert et Jeanthon, à Paris ; Seguin, à Avignon ; Lagier, à Dijon ; Lefort, à Lille ; Pelagaud, à Lyon, etc.; lesquelles sont traitées, dans les annonces, à l'égal des *Drames* de Victor Hugo, des *Histoires* de Thiers, et *Romans* de Paul de Kock.

De là, en grande partie, le malaise de la librairie catholique.

La *Gazette de France* a cessé, il est vrai, d'accueillir les annonces des plus mauvais livres, dont elle ne refusait aucune depuis près de vingt années ; mais c'est grâce aux cris des *Encycliques de Rome*, et de la *Logique d'un fidèle* dans le courageux *Univers;* — c'est depuis le 1er janvier seulement ; — et lorsque le libéralisme et la philosophie, triomphans, avaient eux mêmes déjà cessé de lui payer l'impôt de 100,000 fr. par année, qui a coûté peut-être à la Patrie..... La Patrie !!!

[1] Et voilà le secret du silence ou de l'iniquité de tous les prétendus *Amis* de la monarchie ou *de la religion*, à l'égard des

ainsi en opposition réelle, intime, depuis un quart de siècle, avec les *Encycliques* et les *Allocutions* les plus solennelles des Souverains Pontifes avec celles du 18 septembre 1832, entre autres, qui appelle, une LIBERTÉ FUNESTE DONT ON NE PEUT AVOIR ASSEZ D'HORREUR, LA LIBERTÉ DE LA LIBRAIRIE ; et celle du 24 mai 1829 : LA PESTE LA PLUS DANGEREUSE DE TOUTES ; — qui, sous prétexte de la liberté des Ordres enseignans, veulent livrer jusqu'à la terrible éducation de la jeunesse au premier venu (l'Université, même telle quelle, n'en fut et n'en sera jamais là) ; — qui ne croient pas possibles, ou pas tenables, des sermens à l'Ordre de personnes ou de choses que

seules remarquables publications catholiques de France * dans ces derniers temps (ce qui ne les a point empêché d'être populaires) : le *Christ* de Roselly de Lorgues ; la *Vierge* du marquis de Valori ; la *Vierge* et les *Fleurs du ciel* de l'abbé Orsini ; l'*Unité* du colonel d'Etchégoyen ; l'*Histoire de saint Louis* du marquis de Villeneuve-Trans ; la *Sainte Elisabeth* du comte de Montalembert ; et la *Religion constatée universellement* (à ses pauvres erreurs près), de l'anachorète de la Marne ; etc , etc.

* *L'Ami de la Religion*, la *Gazette de France* et les *Débats* n'ont touché le magnifique *Pape* du comte de Maistre, que pour chercher à le flétrir ; et le savant et prudent M. Artaud, le baron de Géramb lui-même, doutant apparemment de la justice ordinaire des propriétaires de ces journaux, ont eu besoin de faire imprimer à tout prix leurs beaux livres dans l'imprimerie de la rue *Cassette*.

Les moins spirituels journalistes que nous connaissons, semblent s'être dit :

Nul n'aura de l'esprit que nous et nos amis.

leurs fautes seules ont fait les premières;
— et qui protestent, en conséquence,
contre tous les Évêques de France qui
les ont prêtés et qui les tiennent, et, par
contre-coup, contre le Pape et l'Église [1] qui
les permettent ou les commandent; — qui
s'imaginent respecter l'impérieux devoir pres-
crit par saint Paul, d'*obéir même à des tyrans*,
en n'interdisant qu'aux bras la révolte, lorsqu'ils la souffrent, la soufflent, la commandent
même, tous les soirs et tous les matins, aux
Esprits, aux Ames, aux Volontés, maîtresses
de tous les bras; — qui se réfugient, et *se
rassurent* dans la *bonté* de leur *intention,* dans la
religion de *leur arrière-pensée* : comme si toutes
les catastrophes n'avaient pas eu lieu *à coups
de bonnes intentions,* ainsi que le disait à la

[1] Si l'un des rédacteurs des journaux que nous avons attaqués
s'imaginait nous réfuter, en nous alléguant tel ou tel *Bref* de
Rome apologétique de sa voie, nous lui répliquerions par le *Défi*
d'en présenter un postérieur à 1834, et surtout d'en recevoir jamais à compter de 1840.

Si plusieurs autres se rassuraient sur la tolérance ou l'approbation de leurs confesseurs, nous leur rappellerions les terribles pa-
roles du Sauveur lui même : « Que si un aveugle en conduit un
autre, *ils tomberont tous les deux dans le précipice.* » Saint
Matth., xv, 14.

Et nous rappellerions au plus âgé d'entre eux, que le dernier
Directeur de son *âme,* celui qui l'a été sans interruption depuis dix
années, est en ce moment en fuite sous le poids de nombreuses
contraintes par *corps,* et en état d'interdiction ecclésiastique!...

chambre *introuvable* le comte de Marcellus! et comme si ces bonnes *intentions* n'étaient pas précisément les plus grands sophismes du plus grand mal que ces Messieurs font!

Quoi! Dieu et l'Église défendent le *plus petit mal*, la *plus légère infraction*, dût-il en résulter le *plus grand avantage* en apparence ; et vous vous croyez permis (et vous avez la simplicité de croire rationnellement possible!) les plus grandes erreurs et les plus grandes horreurs : la démocratie et la révolte........, et cela comme transitions à la monarchie et à l'obéissance! Le mal n'a jamais engendré que le mal, et *l'abîme invoqué* que *l'abîme;* — qui, d'une part, appellent tout le monde, et jusqu'aux Prolétaires, aux élections; et qui, d'autre part, défendent de s'y rendre à tous leurs grands ou nobles propriétaires: ce qui les rend moins influens et même plus odieux que jamais dans la masse électorale; — qui s'imaginent avec cela faire ce qu'ils appellent une *Restauration française ;* — qui confondent, sinon dans leur conduite, au moins dans leurs feuilles véritablement *volantes*, l'Eglise et le monde, Dieu et Satan, et donnent de nouveau lieu de dire :

Qu'ils dînent de l'autel et soupent du théâtre.

— qui font enfin, de chacun des numéros de leurs feuilles, autant de *Babels* religieuses et politiques ; — qui gagnent les Terres du Plessis ou les Colléges de Pontlevoy, entre autres, à cet effroyable prix [1] : lequel retombe déjà, et dès ce monde, sur leurs journaux en avilissemens, sur leurs consciences en remords, et jusque sur leurs têtes en *charbons ardens !*

Ce que nous disions aux *Amis de la paix* en 1829, dans des *Méditations politiques*, où nous annoncions jusqu'au JOUR FIXE de la Révolution de 1830, et que tous les journaux, depuis le *Constitutionnel* jusqu'à la *Quotidienne*, attribuèrent, pendant des mois entiers, au courageux comte de Peyronnet, qui ne les désavoua jamais, nous le leur dirons encore, et à plus grands cris mille fois, en 1840 :

« C'est aux *Amis de la Paix* que Ceux qui Parlent comme Ceux qui Gouvernent doivent, aujourd'hui et désormais, s'adresser.

« En 1829, comme en 1789, des Associations surgissent des quatre coins de la France,

---

[1] J'aimerais mieux la misère actuelle, et je ne déplore pas plus les erreurs et les malheurs littéraires de M. Lamennais... que l'opulence et le dévergondage *Gazettier* de M. l'abbé de Genoude, etc.

pour protéger le désordre, en ôtant jusqu'à la Vie au Gouvernement.

« Le grand Comité-directeur parle de nouveau, et voilà qu'*à la honte* du pouvoir monarchique, le roi de la république (car il y en a toujours un qui montre, ou dont on montre, le *bout de l'oreille* aux *ânes* ou non), le cheval de bataille de la démocratie, sort de sa retraite, et traverse, en triomphe et couronné (aujourd'hui il veut monter au *Capitole*), les lieux où la révolution fit entendre ses premiers cris : « *Paix aux chaumières* »... exclusivement !

« Alors aussi, Servan, désabusé, *Ecrivait* en vain *Aux Amis de la Paix.*

« Si la France a jamais eu besoin d'un Ministère fort, d'un Gouvernement *sagement et constitutionnellement* hardi, c'est à présent.

« Jamais, non plus, ce Gouvernement ne fut plus aisé, n'aurait plus d'avantage, et plus de durée.

Etc., etc. »

Ce que nous avancions encore, à la page 61 de nos *Méditations* de 1829, nous le déclarons avec plus de convictions et non moins d'*espérances* et de *désespoirs*, le lendemain de

1839, que nous renouvelons ces nouvelles lignes anciennes:

« Le 10 *août* 1829 (V. le *Moniteur*), le Gouvernement, qui se montra timide à son tour, rendit ses ennemis (V. le *National*) assez hardis pour lui rappeler le 10 *août* 1789.

« Que le Ministère les abandonne une année à leur hardiesse, et il les verra *renouveler* (le mot est en *italiques!*) ce jour! »

Elle aura donc lieu, encore une fois, la Révolution [1], nous ne disons pas précisément, comme tous les partis, chacun dans sa langue ou avec ses passions, en 1840, exclusivement;

Mais en 1840-1845, d'autant plus sûrement, qu'elle aura été plus mal comprimée dans cet intervalle.

Et, ce que nous disions enfin dans les deux *Mémoires au Roi* [2], dont la modération perpé-

---

[1] Et elle aura lieu par la *Réforme électorale* et par la *Restauration de la société française* de MM. de Genoude et de Lourdoueix, lesquels périront le lendemain, et peut-être la veille de ce triomphe!

[2] Le second, aussi peu connu que le premier a eu de retentissment, et même de portée, est littéralement intitulé : *Mémoire sur les Moyens Constitutionnels de réprimer la révolution sans Ordonnance du Roi*, in-4°, imprimé chez Béthune. Il devait paraître en même temps que les *Ordonnances* du comte de Peyronnet, en exécution *morte-née* desquels l'autorisation de pa-

tuelle formerait aujourd'hui un contraste avec les *Philippiques* violentes contre eux de Benjamin Constant et d'Agier, du *Constitutionnel* et des *Gazettes des Tribunaux* du temps, nous le redirons aussi : « La France (je ne disais pas *les Français*) aura son *Roi*, ou bientôt l'Europe n'aura plus que des tyrans. »

Ici, plusieurs ont voulu m'effrayer :

Mais, s'il s'agit, aux yeux de l'Auteur, de révolution et de *rechute* pour la France, il ne s'agit que de paix à son égard.—A celui qui n'a jamais rien demandé pour lui à des Rois (pas même la *noblesse,* qu'il n'en a reçue que parce qu'elle *oblige*[1]), ou à des ministres, que l'honneur de leur dire les vérités ou les devoirs les plus rares, et de leur donner, comme *ultimatum,* des *Avertissemens* , toujours suivis des Faits,

raître lui fut refusée le 25 juillet 1830 , au ministère même de l'intérieur.

Il en reste quelques exemplaires à la librairie de Delloye, dont le prix sera remis aux pauvres de l'arrondissement.

En le lisant, on pourrait le croire fait pour 1840.

1 Il a refusé plusieurs fois, dans des temps divers, la *Croix d'honneur* qui *désoblige,* elle ; et il l'a refusée, tantôt par égard pour lui-même, tantôt par égard pour Celui qui la lui faisait offrir. Il est des temps et des gouvernemens sous lesquels la haute Littérature doit se trouver la *dernière* des professions sociales (le Sacerdoce et la Royauté sont des Sacremens) précisément parce qu'elle est, et pour se retrouver, la première. Et elle se donne elle-même tout ce que les peuples et les rois lui refusent.

leur pierre de touche; — A celui qui possède comme s'il ne possédait pas, ou ne possède pas comme s'il possédait; — A celui qui trouve jusqu'à l'esprit de prévoyance dans la simple Fidélité, et qui appelait M. Lamennais : « *Diderot* catholique, en attendant qu'il soit *l'autre Diderot,* » dès 1824, et lorsqu'un héros de la *Restauration,* M. de Castel-Bajac, l'appelait encore un *Père de l'Église* en pleine Chambre de députés ! — A celui qui n'a trouvé de bonheur et même de sagesse que dans ses bois ou ses champs de *Campus excelsus,* aux sources même de la Seine; *dans ces bois* où Montesquieu *trouvait le Représentatif* si malheureux; — A celui qui ne croit guère plus à la vie présente qu'à la vie passée, et qui dit à sa façon, lui aussi : *Périsse le monde plutôt qu'un Principe!* c'est-à-dire *une âme;* c'est-à-dire encore un républicain ou un bonapartiste, un royaliste ou un philippiste quelconque: — A celui-là rien ne saurait être ôté, rien donné; — et c'est à lui qu'il est permis de dire, *Harlay anti-parlementaire : Mon âme à Dieu, mon cœur au Roi* (de fait ou de droit, ici je ne vois pas de différence). Je n'ajouterai pas : *Mon corps aux méchans,* car je n'ai jamais cru aux méchans qui ne croyaient pas eux-mêmes être justes et peut-être bons, et dont les bons ne sont pas eux-mêmes les causes involontaires [1].

Lorsqu'on nous assassine, nous sommes nos bourreaux, et peut-être ceux de nos assassins!

Né au milieu de la révolution française, élevé au bruit des gloires de l'Empire, auxquelles je m'honore d'avoir rendu hommage [2], admis quelquefois aux comités des bonnes volontés de la Restauration, aimé, animé aujourd'hui par les plus influens hommes ou les plus hautes illustrations de l'ère ancienne ou nouvelle; susceptible de l'élection à la Chambre, même dans mon pays, où les grands électeurs sages des partis divers viennent, récemment encore, de m'en faire la proposition,... que je laisse à mes amis, quand ce n'est point à mes oncles ou à mes frères de la province [3], et même de la capitale (les Cham-

[1] Il faut attribuer à la *Gazette de France* et à *la Quotidienne*, par exemple, et, par conséquent, à tous leurs abonnés, à compter surtout de 1840, tous les préjugés empreints et toutes les injustices commises sous la Restauration, et surtout depuis.

[2] J'ai donné l'une de mes filles au fils du général Chataux de Bellune, entré le premier dans le Fort de Brienne au milieu de mille périls en 1814, et mort à la fleur de l'âge une heure après la *Victoire de Montereau;* et petit-fils, par surcroît de noblesse, de l'illustre Maréchal de France qui préluda tour à tour, avec un double patriotisme, à l'élévation et à la déchéance de Bonaparte, et mérita depuis le rare surnom de *Maréchal Fidèle.*

[3] La plupart des membres de mes deux Familles de Bourgogne

bres sont à présent dépassées, et même ou-

et de Paris, sont électeurs, et les trois quarts éligibles; et plusieurs possèdent des Terres proprement dites, et habitent des châteaux; — Tel de mes oncles avec ses neveux dans la même localité, 30 et 40 fois éligible, a décidé seul, l'année dernière, un assez pauvre député de la Côte-d'Or, aujourd'hui *Conseiller d'Etat ;* — Tel autre a été député lui-même, et malgré lui, dans le département limitrophe ; et il a, presque seul, fait élire son successeur, frère du Préfet actuel de la Seine ; — Tel jeune de mes frères (élu cette année encore à la Chambre de Commerce de Paris, après avoir été jusqu'à trois fois réélu au tribunal), vient de faillir être député à son tour, et de loin, lorsque son concurrent était sur les lieux et faisait *battre les campagnes* pour avoir des électeurs ; — Tel autre, plus jeune encore, G. de Crevan, est le fils d'un homme qui prêta, sans intérêts, et en 1793, 100,000 fr. en or à *Monsieur*, sans être sûr, apparemment, qu'il en serait remboursé un jour par le pauvre Charles X ; et 100,000 fr. au duc de la Vauguyon, autre émigré malheureux, dont le fils, aujourd'hui allié de rois, les lui doit encore ; — La plupart de mes oncles, cousins, beau-père, membres des collèges de leurs départemens ou arrondissemens ; — Tous Maires ou refusant de l'être ; — Quatre recevant la croix d'honneur depuis 1830, ce qui est assez commun ; et la recevant tous sans l'avoir demandée, ce qui ne l'est pas autant ; — Tel de mes oncles materne's, mort en 1832 Maire à Paris, où son gendre est encore aujourd'hui Juge de paix, et dans un chef-lieu duquel son fils est Procureur du roi ; — Tel autre, possédant (à Paris) la plus riche bibliothèque qu'il y ait eu depuis celle de M. Boulard ; — Mon père lui-même, propriétaire de 500 arpens de terre, aux sources mêmes de la Seine, qui les féconde avant la Capitale, heureux habitant de la campagne, et *connaissant son bonheur*, qu'il préféra jadis à l'une des premières places financières du département, où l'avait fait nommer le premier Préfet de la Seine, Frochot son ami, auquel il avait sauvé la vie au risque de la sienne dans la terreur ; — Maire depuis 25 ans, et digne, à cause de lui, et peut-être à cause de moi, de la première destitution du 1ᵉʳ août 1850 dans le département ; — Auteur du meilleur *Projet de*

bliées) [1]... : je n'ai pas plus à craindre qu'à es-
pérer d'un changement, par la raison toute

Loi municipale, proposé et même déposé au ministère de l'intérieur, sous la restauration ;—et voyant telle de ses nièces épouser
l'héritier du nom et de la fortune d'un ambassadeur de France
en Hollande ; et telle autre, accorder sa main à celui de mes cousins-
germains, que je connais, et que je dois apprécier le moins, aujourd'hui Député et même Garde-des-sceaux en herbe : et, en
attendant, le premier avocat, et plusieurs fois le bâtonnier du
barreau de Paris. — Il n'est pas jusqu'à mes deux grands-pères, à
moi, qui n'aient eu, l'un (mort à 95 ans, doyen des juges de paix
de France), l'honneur d'une exécution en effigie en 1793,
l'autre, d'un séquestre de ses biens, à cause de l'émigration d'un
de ses fils, devenu grand-vicaire de l'évêché de Lusko, en Po-
logne, où il mourut victime volontaire de son dévouement à ses
compatriotes dans les hôpitaux et l'épidémie du pays, lors de la
retraite de Russie, *d'où il ne revint*, ainsi qu'on sait, qu'*un
homme !* — tel oncle du premier, l'abbé Genreau, mort Curé de
Notre-Dame à Dijon, auteur d'une très remarquable *Instruction
chrétienne sur l'Apocalypse*, in-12, imprimée à Paris, etc.

Toutes personnes libérales promotrices des 221 dans les élections de leurs départemens, jusqu'en 1830 exclusivement ; dy-
nastiques et même absolutistes depuis : lorsqu'elles m'ont vu
royaliste, ou plutôt *royautiste*, sous tous les règnes.

Et la Providence a voulu que je portasse le nom même du village
du Berry dont je suis originaire... ; et même que je possédasse,
dans un autre, par la seule générosité de ma mère, un château et
une chapelle qui n'avaient pas été bâtis pour moi : *Si vos non vobis...*

Toutes choses vaines.., que je prise et que je méprise tour à tour.

En sorte que je n'ai pas même (ce que certains journaux étran-
gers viennent de me donner à l'occasion des *Magnificences de
l'Espagne* que j'ai publiées dans la *France*).. .. l'honneur,
comme MM. de-*Genou*-de, Picot et Laurentie, mes chers adversaires, d'être *le premier*, et même l'*unique*, et que je serais presque,
ou volontiers, le dernier *de ma famille !*

J'ai ri, ou non, comme on voudra.

[1] Les *chambres*, qui *s'en vont* bien plus vite que *les rois*, se-

simple, que rien ne saurait changer qu'en apparence pour moi.

Mais *tout* peut changer, les places, les honneurs, les espérances, et jusqu'à la propriété, les opinions surtout[1] des *Amis de la Paix* ou *de la Guerre*[2], qui ne savent pas les conditions de la paix et de la guerre.

Toutefois, nous ne croyons pas impossible à un Roi (même, et surtout nouveau) de prévenir une catastrophe, fût-elle la plus imminente : Tant le Dieu *des Empires*, en surveille, et en veut *la Suite!!!*

Il est bien donné à *un* homme, avec *une* colonne quotidienne à lui, dans *un* journal, de

---

raient *closes*, et, si la loi ne nous empêche pas de le dire, *à louer*, le jour où les seuls journaux de l'opposition qui les dirigent s'entendraient pour en faire abstraction dans leurs nouvelles.

[1] Les apostasies elles-mêmes, celle de M. Lamennais entre autres, sont l'effet *visible*, et même immédiat, de la révolution dernière.

[2] L'expédition de l'Algérie en 1830, bien commencée, a mal conclu. Il fallait raser les palais rebelles du Bey, et inscrire sur une colonne, au lieu d'*Ubi Troja fuit* : OU FURENT LES *GALÉRIENS* (anagramme heureuse d'*Algériens*).

En 1850, etc., il ne suffira peut-être pas d'une *Grande armée* pour garder l'effroyable Colonie : car on ne saurait la conserver qu'en la triplant, de Tripoli, etc. ; et la tripler, sans se faire toute l'Asie, tout l'islamisme peut-être, pour ennemis !

Et cependant Louis-Philippe vient de déclarer à la France : « C'est une terre que la domination française ne quittera plus. » Si elle y était *enterrée*, en effet ! *Qui vivra*, en temps et lieu, *verra*.

faire la catastrophe, et le Roi, par contre-coup!

Et, peut-être, qui sait? à un *Mémoire au Roi!!!*

Du moins, les trois principaux journaux de Paris l'ont dit en 1830, et depuis.

Mais que le bien ou le salut public soient ou non, pour un roi ou pour un grand homme, facultatifs, le bien particulier et la vertu privée le sont assurément :

Et nous n'en savons pas de moyen et plus sûr et plus facile, pour un homme quelconque, pour un *Électeur* raisonnable, pour un *Ami* éclairé *de la Paix*, que le choix de son journal, entre tant de journaux, le seul enseignement politique, populaire ou aristocratique, existant, et même possible désormais.

Or, les plus fâcheux, les plus déplorables, les plus révolutionnaires, et par conséquent les moins habiles au fond et les moins littéraires de tous les journaux :

(C'est un droit qu'à la porte on achète en entrant.)

ce sont ceux qui provoquent la république et les révolutions, au *nom* d'une religion ou d'un sacerdoce de monarchie et de paix :—A la tête de tous, cette *Gazette*, usurpée *de France*, laquelle, transformant sa soutane en bonnets rouges,

et faisant de la *Réforme* en rabat, s'est toujours
mise, et lourdement, aux genoux exclusivement de tous les pouvoirs qu'elle a redoutés
pour elle-même [1], et qui n'a plus de dupe politique,... que M. de Villèle, le seul auteur (invo-
lontaire et par conséquent plus dangereux) de
tout le mal de la restauration ; — l'*Ami de la
religion*, à la suite de la *Gazette*, l'*Ami* aux
rédacteurs qui ne sont ni laïques ni Clercs ;
enfant dégénéré, anti-littéraire, bègue, des
éloquentes *Annales* de l'abbé de Boulogne ;
devenu à peine une suite informe de mau-
vaises *Nouvelles* et de plates critiques de
livres plats ou dangereux exhumés, suivies
souvent d'annonces vénales des choses les
plus viles,... au lieu de tant de *Bonnes nouvelles* et de *Bons livres :* et cela par l'inertie et
les petites passions d'un homme qui distille
incognito la *piqûre,* comme il distribua jadis l'*il-
lustration* à M. Lamennais, son collaborateur ;
— l'*Ami de la religion,* et non *du Roi*, qu'il
a renié depuis 1850 [1] : comme si en France

[1] Crétineau-Joly, l'*Historien* de l'invariable *Vendée*, a
publié l'*Histoire des variations politiques de la Gazette*,
comme M. Nettement celle des *Variations mercenaires des
Débats.*

[1] Ce double *régicide,* seul peut-être, a causé tous les malheurs,

ou ailleurs il n'y avait plus de *Roi!*—assez courageux, ou plutôt assez aveugle pour prendre, en épigraphe qu'il viole tous les jours, le magnifique *Avertissement* de saint Paul aux Coloss. : *Videte ne Quis vos decipiat per philosophiam et inanem fallaciam, secundum Elementa mundi, et non secundùm Christum;* — assez pauvre, assez discrédité, même dans le clergé, pour mériter les épithètes de *bedeau du journalisme*, dont il devrait être, *Ecclésiastique* qu'il s'intitule, *le Bellarmin;* — l'*Ami de la religion*, qui seul suffirait aujourd'hui pour *affadir* la *Religion* et les *Amis de la religion*, comme la *Gazette* affadirait la *France*, si de telles choses ou de tels hommes pouvaient demeurer *affadis!* [2] — La

et même la mort, de l'archevêque de Paris dont MM. le Clère et Comp. étaient les serviteurs.

[2] C'est ce malheureux journal qui a trouvé le moyen d'élever si haut et de louer si dignement le *Prêtre devant le Siècle*, la *Démonstration Eucharistique* (dont les troisièmes éditions paraissent en ce moment), et le *Tableau de la France*, en refusant même à des Évêques, même à MM. Bellemare et Leclère, ses propriétaires, d'annoncer le *seul titre* du *Prêtre*, avec ce mot : « La première édition a mérité un bref de Rome à l'auteur ». *Tacent, satis laudant*, dit Juvénal. Et puis, il a refusé, pour arbitre de son iniquité, le Prêtre ou le laïque dont on lui laissait le choix, et jusqu'à son confesseur!!! — Aussi ne lui dirons-nous pas :

Tant de fiel entre-t-il dans l'âme *d'un dévot!*

C'est *non dévot* qu'il faut dire toujours.

Et quel est le motif secret de l'*Ami de la Religion*, le motif

Quotidienne, véritable manufacture de *coteries* dans des *coteries,* de commérages, de *michauderies* de châteaux, de colportages d'actions de 25,000 fr., aujourd'hui *cotées* à 5....; réduite en ce moment à exploiter les *causeries* du prétendu *bonhomme* son fondateur, à se *cotiser* avec M. Cottu, et à voiler ses honteuses iniquités, tour à tour, sous les beaux ou vertueux noms *de Brian* et *de Lostanges;* — disant, aujourd'hui qu'elle est plus impuissante et plus aux abois que jamais, prenant même pour épi-

qu'il se dissimule, (après le défaut de foi, qui précède et explique seul toutes les passions viles ?)

Le motif vulgaire : la présomption de ce monsieur, que nous ne trouvons pas ce qu'il appele *le journal* au niveau des besoins, de plus en plus grands, *de la religion;* et la connaissance que nous avons conseillé une noble concurrence spéciale aux savans et zélés Directeurs des *Annales de philosophie chrétienne,* et de la *Revue Catholique :* M. de Bonnetty, Duplessy, Jammes; et surtout que nous proclamons habituellement les *Villes et Campagnes,* l'*Univers* et même la *France* (où l'État a une plus grande part que l'Église), aussi largement et véritablement *amis de la religion,* et par surcroît, de la monarchie et de la littérature, que l'autre leur est étranger, et leur serait fatal à toutes, si, après avoir eu 5000 abonnés, il lui en restait plus de 500 fugitifs.

Le plus petit des égoïsmes et la plus insolente des iniquités de l'*Ami de la Religion,* est, ici, de se prétendre seul arbitre de la sagesse et du jugement de ses lecteurs, et de ne pas vouloir qu'ils *entendent* d'autres voix, et, si nous osons le dire, d'autre *cloche* et d'autre *son* que les siens : — C'est bien monotone. — Raillerie à part, un journaliste ne saurait faire à ses lecteurs un outrage plus grand.

graphe : *Tout pour la France et par la France ;*
c'est-à-dire : *Tout pour et par la Quotidienne ;*
tout pour et par *M. Laurentie !* — plagiaire du
journal tombé de M. Lamennais, aujourd'hui
qu'elle a *rendu l'esprit* avec MM. Nettement
et Michaud, aujourd'hui enfin qu'elle est
passée, se prétendant le *Journal de l'Avenir !*
— la *Mode,* à la suite de la *Quotidienne,*
comme l'*Ami de la religion* à celle de la *Gazette,*
la *Mode,* qui voudrait claquemurer la monarchie dans un boudoir, la poser nettement sur
un écrin, et même la faire valser ou valeter
au bal de la *Liste civile.*

Toutes *choses* dont j'aime, dont j'ai embrassé
récemment encore les personnes, auxquelles
même, à d'autres égards, je rends tous les
jours, jusques dans cet écri d'autres hom-
mages.—Mais l'attaque, et même l'indignation,
la haine selon la charité, est la plus grande
des charités.

Autres catégories de journaux déplorables :
le premier à leur tête, les *Débats, le Normand,*
le *Julien,* le *Juif,* le *Judas des Journaux* [1], après
avoir commencé par en être le *bon apôtre,* avec

---

[1] Et peut-être le *Journal des Judas.*

des *Prêtres* spirituels comme Geoffroy, ou ai-
mables comme Féletz, et des littérateurs fidèles
comme Dussault ; — les *Débats,* auxquels on
peut dire : *Malheureuse France ! malheureux
journal !* comme ils disaient jadis à un gouvernement qu'ils avaient trahi : *Malheureuse
France ! malheureux Roi !* — Le *Constitutionnel,*
qui persiste à redouter les Jésuites et à pré-
coniser *Chatel,* et fait, à sa façon, *des sauts* et
des sots *chez l'Epicier.* — La *Gazette des Tribunaux,* véritable violation permanente, crimi-
nelle, de la *loi* vertueuse qui veut que la *vie*
du particulier soit *murée;* et même de la *loi*
politique de la publicité des *audiences* judiciaires, doublée, centuplée, *dénaturée,* au seul
profit de l'immoralité publique, par *l'abus,*
devenu *jurisprudence,* de l'imprimerie des débats judiciaires.—Le *Charivari* enfin, qui, seul,
consomme la corruption générale, avec plus
d'esprit que tous les journaux ensemble [1].

---

[1] Les meilleurs Journaux , dans les positions et les buts divers,
plus ou moins loyaux, plus ou moins habiles, sont, à notre sen-
timent du moins : — *la France,* considérée comme plus amie de
la Monarchie véritable ; — *l'Univers,* plutôt comme ami déve-
loppé et rationnel de l'Eglise : le premier *ultra-*politique, le second *Ultra-montain ;* — *les Villes et campagnes,* amies sages
de tous les vrais intérêts des provinces ; — le *Moniteur des départemens :* — ces trois derniers , *Amis* des mœurs comme *de la*

Ce n'est pas sans une raison et une intention profondes, que nous avons ici placé, jugé et condamné les plus mauvais et les plus dangereux journaux quotidiens.

Ils ont seuls *défait* les vieux Rois de la France (ne voudraient-ils pas chasser à jamais les nouveaux ou les jeunes, après lesquels il n'y en a plus?) sans voir, sans savoir, qu'ils chassaient ou qu'ils chasseraient la France elle-même, et Eux avec elle.

Nous avons fait une révolution, un 93, un *Septembre*, une *Saint-Barthélemi de Journaux*,... pour rire, comme jadis la *Némésis;* et cela dans

religion, exclusifs de la critique même du théâtre; — *l'Écho français*, et même *l'Estafette, journaux des journaux* divers; — *la Presse*, le *Journal Général*, le *Journal de Paris*, (depuis qu'il est entre les habiles mains de M. de Feuillide), *le Temps*, et même *le Siècle*, le *Courrier* de Paris, celui *de Bordeaux*, et jusqu'au *National :* la première, modèle de journal officiel; le dernier, d'opposition grave ; — *le Capitole*, dernier feuillet mi-déchiré de la *Vie du grand Napoléon*, à l'usage et aux frais de *Louis*, son *petit*-neveu, qu'on peut appeler le *Louis XVII de la révolution.*

De plus, et surtout, la *Gazette universelle d'Ausbourg*, puissance dans les puissances ; — et enfin même la plupart des Feuilles de Province, qui sont, toutes choses égales, aussi bien rédigées que celles de Paris *, et qui ont sur elles le rare mérite du laconisme et du bon marché.

* Entre autres : le *Journal de la Côte-d'Or*, par M. Simonnot ; — *l'Émancipateur de Cambrai*, par les frères Carion; — la *Gazette d'Auvergne*, par Oscar Turge, etc., etc.; — le *Mémorial Agenais*; la *Gazette de Flandre*, etc.

la vue et COMME UNIQUE MOYEN (qu'on y pense bien !) de prévenir les autres !!!

Plus ne fallait d'*Ordonnance*, plus même une brochure contre le faux journalisme ; mais une simple page de *Charivari*.... catholique !

Nous n'avons pas certes prétendu ici causer, ou seulement occasionner la chute des véritables journaux de la véritable révolution, mais bien seulement la *constater* ;...

Je connais la grande majorité des anciens royalistes célèbres de la *Gazette de France* et de la *Quotidienne* ; et je ne sache *pas un seul* aujourd'hui de l'une, qui ne désavoue I. tout entière celle qu'il ne paie point, II. et les trois quarts de l'autre ;

Et J'EN DÉFIE UN SEUL de leur écrire désormais à toutes une Lettre formulée d'adhésion, ou seulement de tolérance ![1]

---

[1] L'approbation de la plus grande Autorité intellectuelle qu'il y ait au monde (à moins que ce ne soit le *journalisme!*) manque encore mieux à ces messieurs.

La principale *œuvre* de M. Laurentie, sa *Philosophie*, est à l'index comme *Lamennaisienne* ; et M. de Genoude, qui était allé à Rome pour plusieurs mois et avec des *Oratoires* (comme l'abbé Siéyès des chartes) *dans ses poches*, s'en revient après un séjour d'une semaine avec ses *Oratoires ;* et il n'a été reçu, NOUS LE SAVONS, par les Papes qui reviennent, et même par les *rois qui s'en vont*, que comme *une brebis égarée*.

Lalande, lui-même, lorsqu'il n'était qu'astronome, et long temps avant qu'il devint un moment *déiste*, avait été reçu à Rome en cette qualité.

Ce n'est pas sans raison, enfin, que nous nous sommes adressé à tous les Électeurs et à l'Armée tout entière :

Les premiers sont les seuls *intéressés*, dans la grande lutte qui va commencer, plus vive qu'à nulle autre époque ;

Les Militaires, eux, sont désormais les seuls *intéressans* de la société : car c'est à eux seuls, exclusivement, qu'elle doit la compression des perturbateurs, et jusqu'à l'innocence de la *Garde nationale*....

Il s'agit, pour les uns, de la propriété peut-être ;

Pour les autres, il s'agit de la gloire toujours, et toute seule.

A ceux qui douteraient de l'Empire de la Logique sur celui de la Puissance, nous demanderions s'ils en connaissent UN AUTRE.

Une salutaire et catholique Épée de Damoclès, du moins, demeurera suspendue sur des têtes qui soufflent :

> . . . . L'esprit d'imprudence et d'erreur,
> *De nos malheurs communs* funeste avant-coureur,

et font le plus grand et même le seul mal véritable : celui fait *au nom de Dieu!!!*

Un fer rouge, au défaut de la pudeur, les aura marqués au front.

Et, dès demain, ceux-là, *repris devant tout le monde*, tous *auront de la crainte*, selon le précepte de St. Paul à Timothée, I, 6.

Et, dès demain, ceux-là qui ont adopté pour devise, ne répéteront plus sans rougir, le conseil du même Apôtre aux Colosses : « Prenez garde qu'on ne vous trompe par une hypocrite philosophie ! »

Et, dès demain, l'habile Observateur verra la *Gazette de France* et la *Quotidienne*, l'*Ami de la Religion* et la *Mode*, il verra les *Débats-Judas*, et jusqu'au *Constitutionnel-Chatel*, en garde contre eux-mêmes, silencieux ou calomniateurs contre nous !

Quant à moi, Dieu le sait, si pour arrêter le mal qu'ils font, au lieu d'avoir à donner ma pensée, j'avais eu à donner ma vie, ma vie eût été donnée !

Ouvrage du même Auteur

SOUS PRESSE.

La *Législation universelle*, ou I. la *Déclaration* (Législation); II. la *Préservation* (Instruction et Administration publiques); III. et la *Réparation* (Justice, etc.) des droits de l'Homme et du Citoyen, et des droits de chaque Autorité religieuse, politique et civile.

Avec cette épigr. : *Lex, Lux.* Prov.

30 Livraisons in-fol. avec des Tableaux synoptiques,
luxe : 60 fr.

Cet ouvrage, qui est à l'œuvre de Jacotot ce que la *Science tout entière* est à son *moyen* ou *Enseignement universel,* est appelé à faire une infaillible révolution dans la Littérature, dans la Philosophie, dans les Collèges, dans les Chambres, dans les Conseils, dans les Tribunaux, dans la Société.

C'est enfin l'*Encyclopédie,* depuis si long-temps cherchée.

Chaque Vérité (et il n'y en a *pas une* d'oubliée) s'y trouve démontrée par la seule force de la place qu'elle occupe dans l'ouvrage, comme dans la nature physique ou morale.

La *Législation universelle* (et il y en a déjà plusieurs applications péremptoires) doit donner à ses disciples, même à ses lecteurs les plus ordinaires, et immédiatement, sur un sujet quelconque, l'art et l'habitude de la démonstration, et jusqu'à celle de l'*esprit,* que nous nommons sans motif *naturel.*

L'auteur lui doit, en particulier, les divers succès qu'il a obtenus en luttant depuis quinze années contre toutes les opinions dominantes dans tous les partis.

Elle allait être publiée à l'Imprimerie royale en 1830; et depuis, en 1833, l'auteur a refusé net d'en laisser prendre une copie manuscrite pour être appliquée immédiatement à l'éducation d'un Prince étranger, et même de la faire paraître sous le patronage du Roi son père.

Le *Tableau de la Dégénération de la France et de ses Moyens de Grandeur,* dont une nouvelle édition paraît en ce moment, est l'*Introduction* et l'*Exposition* de la *Législation universelle.* In-8°, compact, luxe, à la librairie d'Aillaud, quai Voltaire, 11.

Sceaux. Impr. E. Dépée.

* 9 7 8 2 0 1 2 9 8 3 7 4 8 *